Novena
SANTA MARTA
Por Laila Pita

© Calli Casa Editorial, 2012
Yhacar Trust 2021

Todos los derechos registrados. Prohibida la reproducción total o parcial de esta obra en todo su contenido: texto, dibujos, ideas e ilustraciones de portada, sin autorización por escrito.

www.solonovenas.com
#2500-803

UN POCO DE HISTORIA

Santa Marta es celebrada el 29 de julio, sus atributos son: el acetre e hisopo de agua bendita, el dragón, una lanza que termina en cruz, la antorcha (luz de fe) y el libro (los evangelios). Es patrona de las amas de casa, la hostelería, contra los maridos infieles y difíciles. Hija de Sirio y Encharia, duques de Siria, de los que recibió una buena herencia en Betania y Jerusalén, junto con sus hermanos María y Lázaro. Los tres habían sido bautizados y llenos de Espíritu Santo, se dedicaron a convertir a la gente a la fe de Cristo. Marta llamaba la atención por su fe y pureza, jamás se casó. Se dice que venció a un gran dragón nacido en Leviatán, llegado allí por mar desde Galicia. El monstruo se comió a un hombre, la gente se encomendó a las oraciones de Marta, ella le arrojó agua bendita y mostrándole una cruz lo amansó, el pueblo lo mató con lanzas. Marta construyó un monasterio y una iglesia en honor de la Santísima Virgen María, donde llevó una vida austera. Marta murió con grandes consuelos del Señor, al que dedicó su vida entera siendo su anfitriona y cuidando de él.

MILAGRO

En el pueblo de Avignon, Marta predicaba entre la ciudad y el río del Ródano, mucha gente acudía a escucharla. Entre ellos se encontraba un joven que también deseaba oírla, pero no podía cruzar el río por no haber barcos en ese momento, quiso hacerlo nadando, pero el agua lo arrastró y se ahogó. Cuando lo sacaron Marta haciendo la señal de la cruz, cayó al suelo y oró, lo tomó de la mano y revivió de inmediato. El resucitado

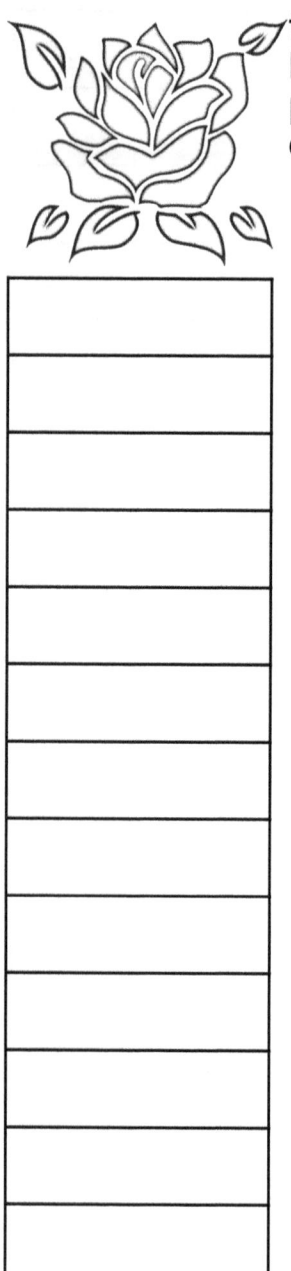
fue bautizado con el nombre de Martilla, se dedicó a predicar el evangelio hasta el día de su muerte.

ORACIÓN DIARIA

Mujer de noble cuna, de fe inquebrantable, amansaste al dragón indomable, al Cristo alimentaste, dedicando tu vida a la religión que predicaste. Tu obra será imborrable y tu enseñanza y ejemplo, inolvidable. ¡Oh! Princesa del cielo enséñame a perdonar como tú perdonaste, a dar amor y aceptar a los demás como tú los aceptaste. Santa Madre virgen de pureza envidiable, te ruego me ayudes a liberar mi alma con tu poder admirable. Divina Señora me inclino a besar la tierra que pisaste. A todos tus hermanos amaste.

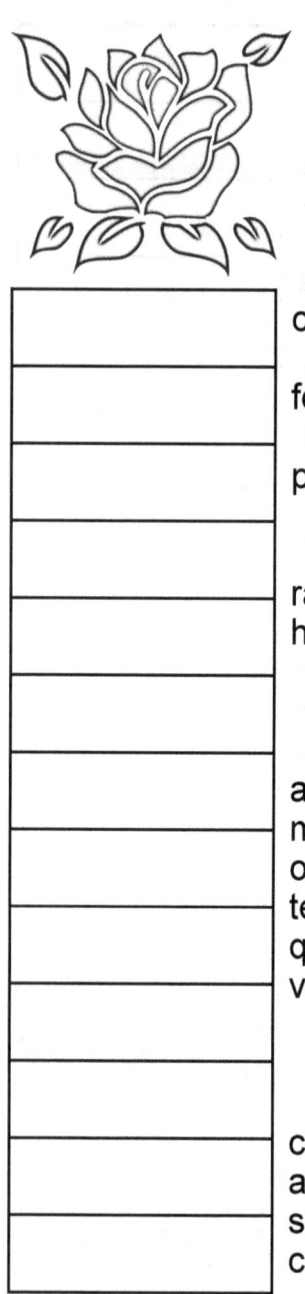

HAGA SU PETICIÓN

Aquí estoy hincado a tus pies.

Con la luz de tus quinqués que no tienen comparación
alumbra a este humilde feligrés
que viene a hacerte esta petición.

Te ruego con todo mi corazón me concedas... (se hace la petición)

Esto es un asunto de interés te suplico tu atención me des. Concédeme lo que te pido en esta ocasión y con tu divina protección me ayudes, para que seas tú siempre mi salvación.

Padre Nuestro, que estás en el cielo, santificado sea tu nombre; venga a nosotros tu reino; hágase tu voluntad, en la tierra como en el cielo. Danos hoy nuestro pan de cada día; perdona nuestras ofensas, como también nosotros perdonamos a los que nos ofenden; no nos dejes caer en la tentación, y líbranos del mal. Amén.

Dios te salve, María, llena eres de gracia, el Señor es contigo. Bendita tú eres entre todas las mujeres, y bendito es el fruto de tu vientre: Jesús. Santa María, Madre de Dios, ruega por nosotros, pecadores, ahora y en la hora de nuestra muerte. Amén.

Gloria al Padre, al Hijo y al Espíritu Santo. Como era en el principio, ahora y siempre, por los siglos de los siglos. Amén.

DÍA PRIMERO

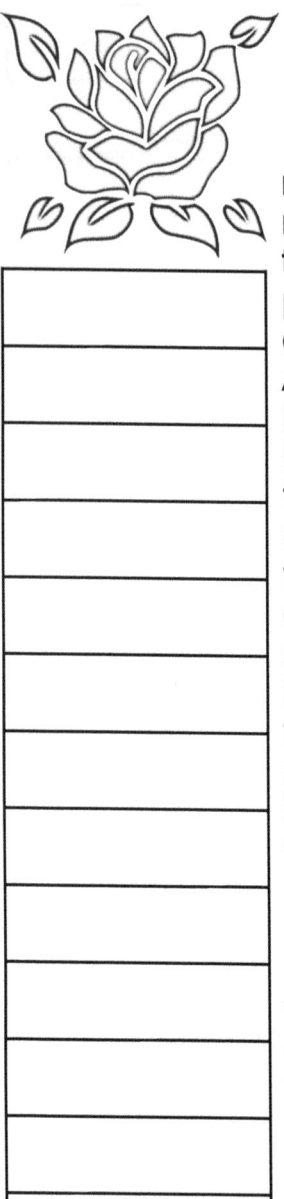

Santa Marta bendita, tú que has vencido enemigos poderosos, ayúdame a vencer a los míos con tus dones hermosos. No permitas que el mal me toque, ni mi enojo provoque. Aleja de mí a los seres belicosos, protégeme con tus brazos amorosos. Señora tus palabras son para mis oídos miel de albaricoque, tu alma tiene la blancura del jocoque. Dame discernimiento para entender lo incomprensible, con tu fuerza invencible. Señora adorada cuando tú pases la orquesta toque con suave música y dulce enfoque.

Padre Nuestro, que estás en el cielo, santificado sea tu nombre; venga a nosotros tu reino; hágase tu voluntad, en la tierra como en el cielo. Danos hoy nuestro pan de cada día; perdona nuestras ofensas, como también nosotros

perdonamos a los que nos ofenden; no nos dejes caer en la tentación, y líbranos del mal. Amén.

Dios te salve, María, llena eres de gracia, el Señor es contigo. Bendita tú eres entre todas las mujeres, y bendito es el fruto de tu vientre: Jesús. Santa María, Madre de Dios, ruega por nosotros, pecadores, ahora y en la hora de nuestra muerte. Amén.

Gloria al Padre, al Hijo y al Espíritu Santo. Como era en el principio, ahora y siempre, por los siglos de los siglos. Amén.

DÍA SEGUNDO

Sé que tu poder es grande Santa Marta de Siria y tu alma bella como dalia. Señora mía mi pecho de dolor llora y en gran medida el sufrimiento aflora, porque he perdido algo de mucha valía, por esta carencia paso las noches en vigilia, te imploro lo hagas regresar ahora, tú que del humano eres conocedora. Te ofrezco esta novena y te imploro día a día, que vuelva y convierta mi hogar en alegría. Santa Marta eres bella aurora, de buenas obras autora.

Padre Nuestro, que estás en el cielo, santificado sea tu nombre; venga a nosotros tu reino; hágase tu voluntad, en la tierra como en el cielo. Danos hoy nuestro pan de cada día; perdona nuestras ofensas, como también nosotros perdonamos a los que nos ofenden; no nos dejes caer

en la tentación, y líbranos del mal. Amén.

Dios te salve, María, llena eres de gracia, el Señor es contigo. Bendita tú eres entre todas las mujeres, y bendito es el fruto de tu vientre: Jesús. Santa María, Madre de Dios, ruega por nosotros, pecadores, ahora y en la hora de nuestra muerte. Amén.

Gloria al Padre, al Hijo y al Espíritu Santo. Como era en el principio, ahora y siempre, por los siglos de los siglos. Amén.

DÍA TERCERO

Virgen adorada con tu cruz al dragón del mal espanta, corta su lengua venenosa, que engaña y encanta, convierte sus palabras hirientes en bella melodía, que no me alcance ni de noche ni de día. Divina Señora tócame con tu mano Santa. Esta novena es para ti, porque orar con fervor la moral levanta. Son orgullo las palabras que brotan de tus labios de sandía. Ayúdame a perdonar al que hasta ahora me ofendía. Amada mujer ahuyenta al que la cizaña implanta y cualquier mal agiganta.

Padre Nuestro, que estás en el cielo, santificado sea tu nombre; venga a nosotros tu reino; hágase tu voluntad, en la tierra como en el cielo. Danos hoy nuestro pan de cada día; perdona nuestras ofensas, como también nosotros perdonamos a los que nos ofenden; no nos dejes caer en la tentación, y líbranos del mal. Amén.

Dios te salve, María, llena eres de gracia, el Señor es contigo. Bendita tú eres entre todas las mujeres, y bendito es el fruto de tu vientre: Jesús. Santa María, Madre de Dios, ruega por nosotros, pecadores, ahora y en la hora de nuestra muerte. Amén.

Gloria al Padre, al Hijo y al Espíritu Santo. Como era en el principio, ahora y siempre, por los siglos de los siglos. Amén.

DÍA CUARTO

Santa Marta que habitas los cielos, te suplico vengas a curar mis desvelos y alivies este mal que me atormenta. Sufro y lloro y nada me contenta. Como filoso cuchillo me hieren los celos, destrozando mis más caros anhelos y este sentimiento de mí a todos ahuyenta, sin piedad a la venganza tienta. Divina mujer de tiernos ojuelos, tus caricias son dulces pomelos, la tranquilidad en mi pecho alimenta. Nazcan en mí sentires nuevos y frescos como botón que revienta. Digna Duquesa en tu gloria no hay duelos.

Padre Nuestro, que estás en el cielo, santificado sea tu nombre; venga a nosotros tu reino; hágase tu voluntad, en la tierra como en el cielo. Danos hoy nuestro pan de cada día; perdona nuestras ofensas, como también nosotros

perdonamos a los que nos ofenden; no nos dejes caer en la tentación, y líbranos del mal. Amén.

Dios te salve, María, llena eres de gracia, el Señor es contigo. Bendita tú eres entre todas las mujeres, y bendito es el fruto de tu vientre: Jesús. Santa María, Madre de Dios, ruega por nosotros, pecadores, ahora y en la hora de nuestra muerte. Amén.

Gloria al Padre, al Hijo y al Espíritu Santo. Como era en el principio, ahora y siempre, por los siglos de los siglos. Amén.

DÍA QUINTO

El que con fe mira a las alturas, alcanza tu gloria protectora de criaturas. Libra a este siervo tuyo del envidioso, engendrador de veneno belicoso. Siembra Señora Santa la cordura y el respeto y amor que perdura. Protégeme del falso cariño meloso y del comportamiento escandaloso. Vence al que envidia con tu bravura, calma su odio con tu ternura. Tu dominio sobre el mal es asombroso. Mujer de andar majestuoso, vísteme con tu armadura, para enfrentarme a esta dictadura, libérame de este enemigo silencioso. Santa Marta tu corazón maravilloso es un tesoro precioso.

Padre Nuestro, que estás en el cielo, santificado sea tu nombre; venga a nosotros tu reino; hágase tu voluntad, en la tierra como en el cielo. Danos hoy nuestro pan de cada día;

perdona nuestras ofensas, como también nosotros perdonamos a los que nos ofenden; no nos dejes caer en la tentación, y líbranos del mal. Amén.

Dios te salve, María, llena eres de gracia, el Señor es contigo. Bendita tú eres entre todas las mujeres, y bendito es el fruto de tu vientre: Jesús. Santa María, Madre de Dios, ruega por nosotros, pecadores, ahora y en la hora de nuestra muerte. Amén.

Gloria al Padre, al Hijo y al Espíritu Santo. Como era en el principio, ahora y siempre, por los siglos de los siglos. Amén.

DÍA SEXTO

Te enfrentaste a la muerte y a la furia del animal, dedicaste tu vida a la religión en entrega total. He venido a ofrendarte esta novena, hermosa y blanca azucena, nacida en horabuena, para que me ayudes a vencer las dificultades de este caos mundanal, de mal comportamiento antisocial. Socórreme Santa Marta y rompe esta cadena. Quita de mí las barreras que se presentan y son una condena. Usa tu gran poder y con tu cruz rómpelas como cristal. Ten piedad de este humilde mortal, que tiene miedo del gehena.

Padre Nuestro, que estás en el cielo, santificado sea tu nombre; venga a nosotros tu reino; hágase tu voluntad, en la tierra como en el cielo. Danos hoy nuestro pan de cada día; perdona nuestras ofensas, como también nosotros perdonamos a los que nos ofenden; no nos dejes caer en la tentación, y líbranos del mal. Amén.

Dios te salve, María, llena eres de gracia, el Señor es contigo. Bendita tú eres entre todas las mujeres, y bendito es el fruto de tu vientre: Jesús. Santa María, Madre de Dios, ruega por nosotros, pecadores, ahora y en la hora de nuestra muerte. Amén.

Gloria al Padre, al Hijo y al Espíritu Santo. Como era en el principio, ahora y siempre, por los siglos de los siglos. Amén.

DÍA SÉPTIMO

Santa Marta hasta las flores se inclinan ante tu presencia. Es una delicia aprender de tu vivencia. Reconozco tu fuerza espiritual, por eso vengo a suplicarte me protejas con tu Santo arsenal, pongas tu espada para que en estos tiempos difíciles la crisis no tenga influencia. Ven en mi auxilio en caso de emergencia, sea escasez de dinero, terremoto o vendaval. Virgen Santa mándame una señal. Señora de bella esencia, venir a adorarte deseo con ansia. Rezarte esta novena es para mí, ritual, mi adoración es original.

Padre Nuestro, que estás en el cielo, santificado sea tu nombre; venga a nosotros tu reino; hágase tu voluntad, en la tierra como en el cielo. Danos hoy nuestro pan de cada día; perdona nuestras ofensas, como también nosotros perdonamos a los que nos ofenden; no nos dejes caer en la tentación, y líbranos del mal. Amén.

Dios te salve, María, llena eres de gracia, el Señor es contigo. Bendita tú eres entre todas las mujeres, y bendito es el fruto de tu vientre: Jesús. Santa María, Madre de Dios, ruega por nosotros, pecadores, ahora y en la hora de nuestra muerte. Amén.

Gloria al Padre, al Hijo y al Espíritu Santo. Como era en el principio, ahora y siempre, por los siglos de los siglos. Amén.

DÍA OCTAVO

Se me presentan miles de tentaciones, que me hacen tambalear y perder el control en ocasiones. Es por eso Señora mía que estoy a tu lado rogando ser por ti ayudado. No quiero caer al abismo de falsas ilusiones, sé que un poco de vino alegra los corazones, pero no quiero ser por el abuso tentado, porque daña el cuerpo y destruye todo lo logrado. Sé que el indeseable se presenta con muchas manifestaciones, yo te pido que en sus manos no me abandones.

Padre Nuestro, que estás en el cielo, santificado sea tu nombre; venga a nosotros tu reino; hágase tu voluntad, en la tierra como en el cielo. Danos hoy nuestro pan de cada día; perdona nuestras ofensas, como también nosotros perdonamos a los que nos ofenden; no nos dejes caer

en la tentación, y líbranos del mal. Amén.

Dios te salve, María, llena eres de gracia, el Señor es contigo. Bendita tú eres entre todas las mujeres, y bendito es el fruto de tu vientre: Jesús. Santa María, Madre de Dios, ruega por nosotros, pecadores, ahora y en la hora de nuestra muerte. Amén.

Gloria al Padre, al Hijo y al Espíritu Santo. Como era en el principio, ahora y siempre, por los siglos de los siglos. Amén.

DÍA NOVENO

Santa Marta idolatrada esparce tu espíritu de amor a todo mí alrededor. Dame luz y fuerza, para el que abuse de mí no me venza. Esta novena dedico en tu honor, para pedirte me concedas este favor, hay personas malas que provocan temor, no permitas que con su palabrería me convenzan, ni tengan oportunidad de hacerme una ofensa. Virgen pura ármame de valor con tu escudo protector. La fe y esperanza son para mí la balanza. Tu límpida bondad es un primor.

Padre Nuestro, que estás en el cielo, santificado sea tu nombre; venga a nosotros tu reino; hágase tu voluntad, en la tierra como en el cielo. Danos hoy nuestro pan de cada día; perdona nuestras ofensas, como también nosotros perdonamos a los que nos ofenden; no nos dejes caer

en la tentación, y líbranos del mal. Amén.

Dios te salve, María, llena eres de gracia, el Señor es contigo. Bendita tú eres entre todas las mujeres, y bendito es el fruto de tu vientre: Jesús. Santa María, Madre de Dios, ruega por nosotros, pecadores, ahora y en la hora de nuestra muerte. Amén.

Gloria al Padre, al Hijo y al Espíritu Santo. Como era en el principio, ahora y siempre, por los siglos de los siglos. Amén.

ORACIÓN FINAL

Santa Marta tú que también fuiste humana y conoces las debilidades del hombre desde una etapa temprana. Ayúdame a ser fuerte ante las adversidades y las tentaciones en todas sus diversidades. Enséñame a detectar el mal que lo mismo se esconde en una cara buena o bajo una sotana. Señora abre en el cielo tu ventana, para mirar a tus hijos y no se pierdan en las eternidades. Virgen cristalina tus enseñanzas son verdades. Toquen los Ángeles bella campana, para darte el saludo en la mañana.

Padre Nuestro, que estás en el cielo, santificado sea tu nombre; venga a nosotros tu reino; hágase tu voluntad, en la tierra como en el cielo. Danos hoy nuestro pan de cada día; perdona nuestras ofensas, como también nosotros

perdonamos a los que nos ofenden; no nos dejes caer en la tentación, y líbranos del mal. Amén.

Dios te salve, María, llena eres de gracia, el Señor es contigo. Bendita tú eres entre todas las mujeres, y bendito es el fruto de tu vientre: Jesús. Santa María, Madre de Dios, ruega por nosotros, pecadores, ahora y en la hora de nuestra muerte. Amén.

Gloria al Padre, al Hijo y al Espíritu Santo. Como era en el principio, ahora y siempre, por los siglos de los siglos. Amén.

Papá Dios: que tu sabiduría nos guíe; que tu luz ilumine nuestro camino; que tu amor nos de paz; que tu poder nos proteja, y que por donde quiera que caminemos, tu presencia nos acompañe. Gracias Papá Dios que ya nos oíste. Amén.

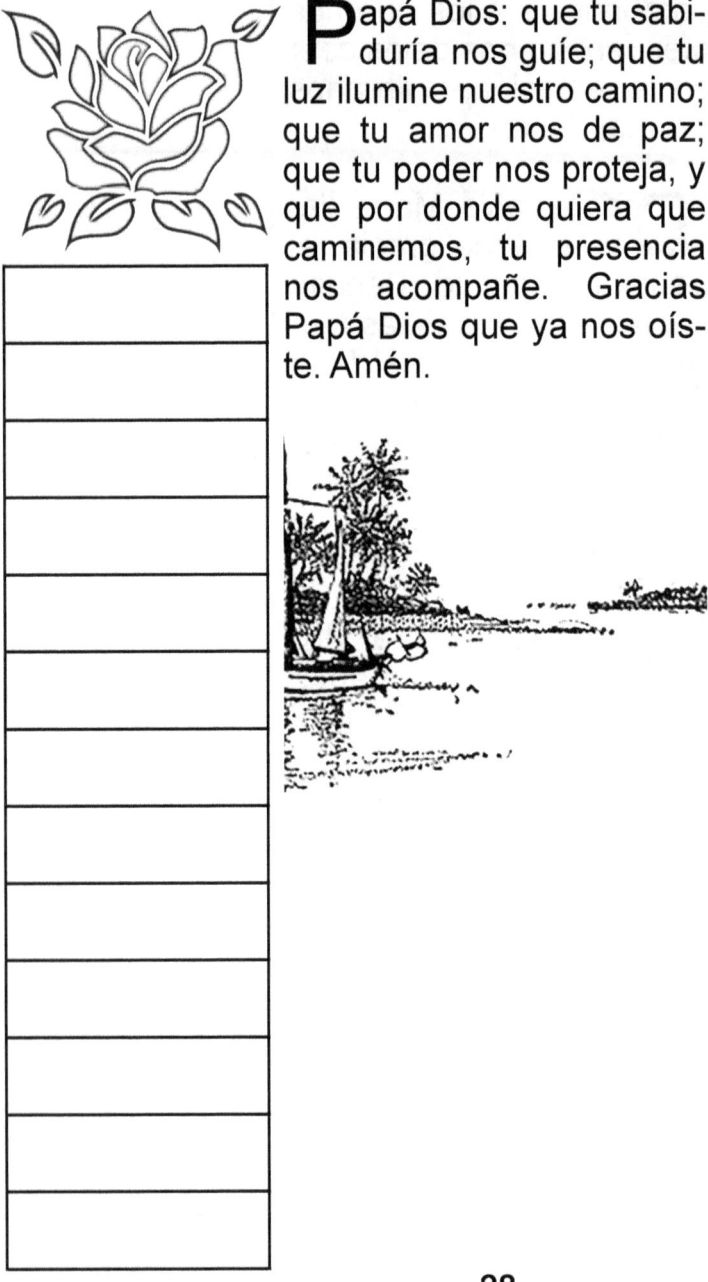